湖北省博物館
HUBEI PROVINCIAL MUSEUM

湖北省博物馆少儿绘本丛书

博物馆里的节日

端午节

主编 钱 红

WUHAN UNIVERSITY PRESS
武汉大学出版社

“湖北省博物馆少儿绘本丛书”编委会

《博物馆里的节日》编委会

前　言

越来越多的小朋友走进博物馆，爱上博物馆，爱上博物馆里的文物故事。为此，我们精心打造了《博物馆里的节日》，将14个传统节日、7个公历节日，分别与湖北省博物馆里的21件文物瑰宝链接起来。我们精心设计了湖北省博物馆的文物守护精灵“北北”，还有她的好朋友“湖湖”，让他们带着大家一起穿越时光，了解每个节日的由来；体验每个传统节日的习俗，这些习俗都是中华民族在漫长的历史长河中不断凝聚的宝贵财富，值得我们传承；配上了与文物相关的成语故事、神话故事或历史故事；设置了有趣的“互动问答”，让小朋友在轻松愉快的氛围中学习科普知识。小朋友还可以邀请家长扫描书中的二维码，拓展更广阔的“悦读”空间，了解更多的传统文化，让先民留给我们的精神财富得以传承和弘扬。

钱红

2022年11月

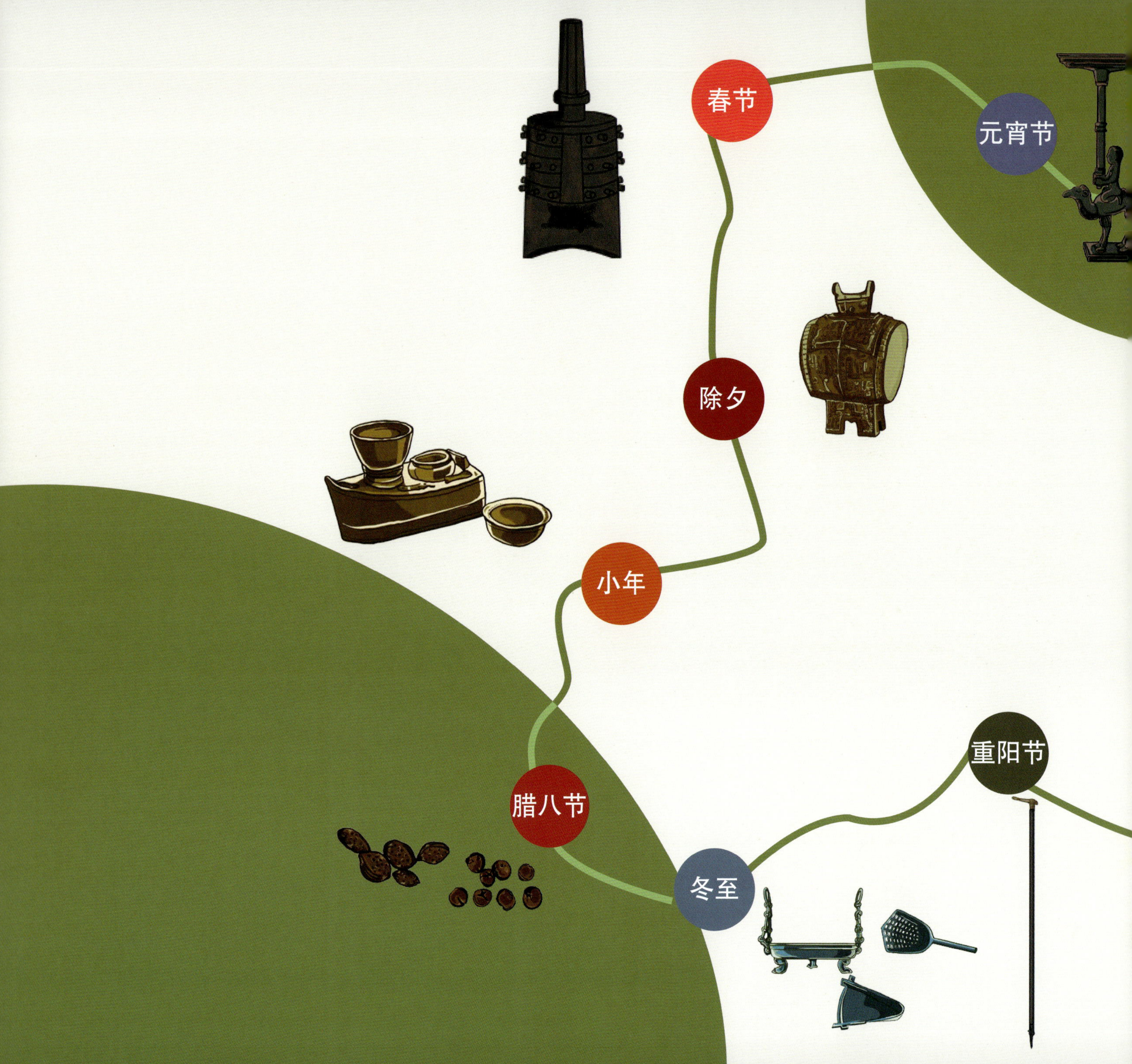
春节
元宵节
除夕
小年
腊八节
重阳节
冬至

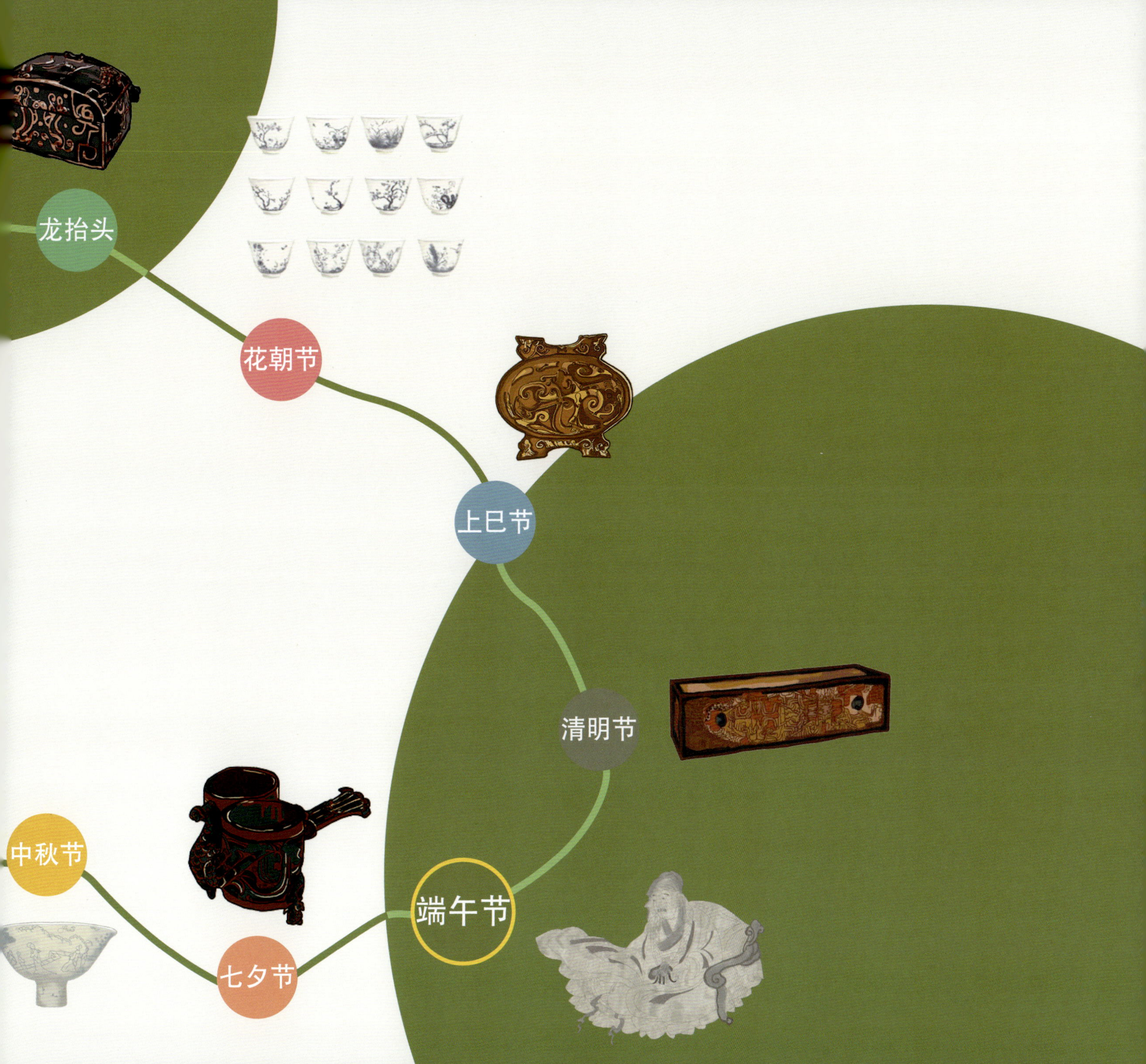
龙抬头
花朝节
上巳节
清明节
端午节
七夕节
中秋节

你好！我叫北北，是湖北省博物馆的文物守护精灵。我可以穿梭时光，带你体验不一样的博物馆节日氛围。旁边是我的好朋友——湖湖。

我们都喜欢湖北省博物馆里的文物，也喜欢听文物背后的故事！这些故事和我们传统节日也有关哦！

碧艾香蒲处处忙

——端午

香粉胭脂随水流入河中，好香呀！
浣溪沙·端午
（宋）苏轼
轻汗微微透碧纨，明朝端午浴芳兰。流香涨腻满晴川。
彩线轻缠红玉臂，小符斜挂绿云鬟。佳人相见一千年。

古诗知识拓展

节日由来

端午节在农历五月初五，又称端阳节、龙舟节等，与春节、中秋节并称为中国三大传统节日。

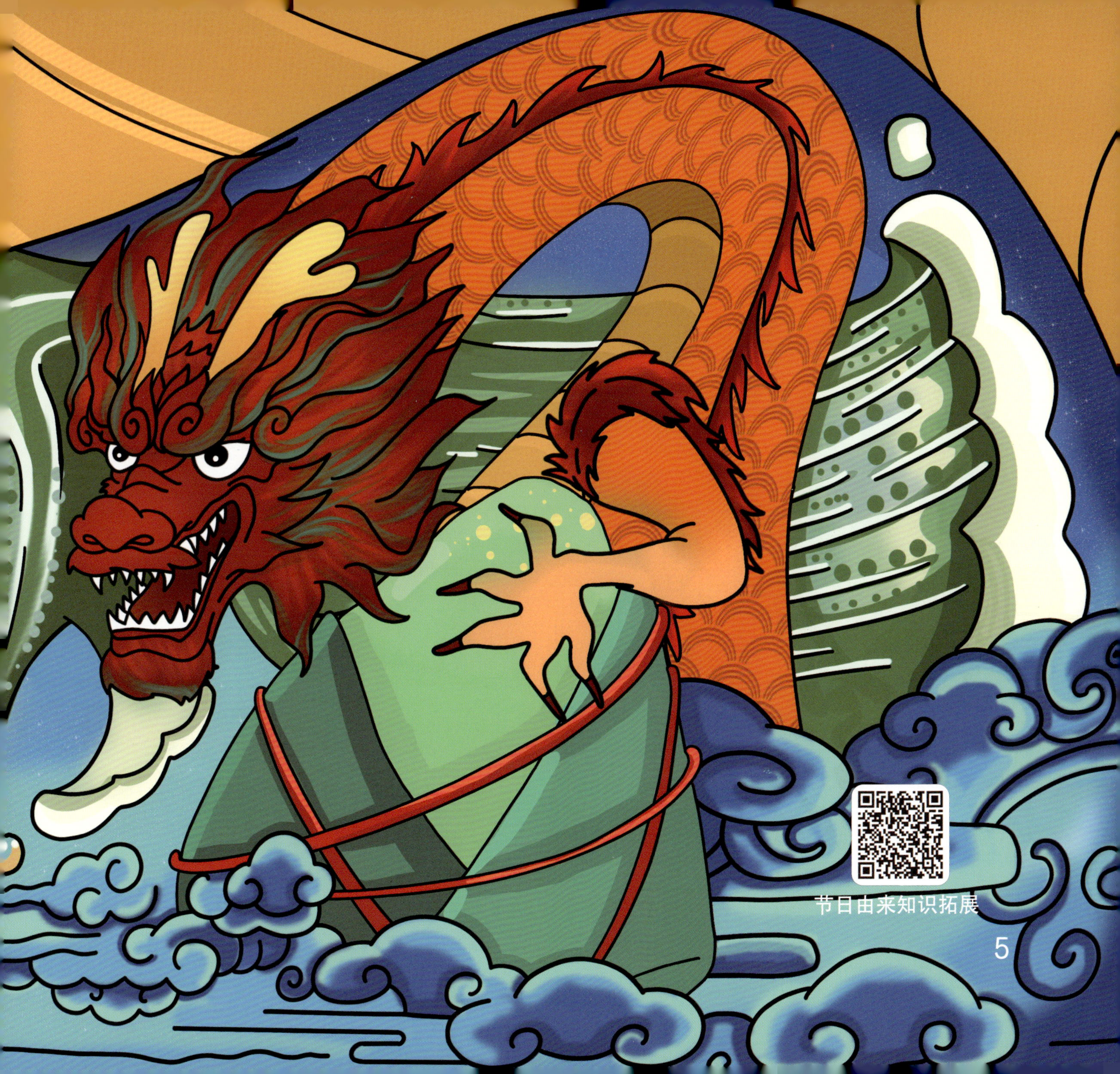
节日由来知识拓展

通常认为，端午节是为了纪念屈原。屈原是战国时期楚国人，早年受楚怀王信任，后因遭排挤而被流放外地。公元前278年，楚国郢都被秦军攻破，农历五月初五，屈原跳汨罗江殉国。沿江的百姓纷纷划着小舟去打捞屈原的尸体，并将米、鸡蛋等投入江中，防止鱼、虾、蛟龙吃掉屈原的尸体。

节日习俗

粽子香，香厨房。艾叶香，香满堂。桃枝插在大门上，出门一望麦儿黄。这儿端阳，那儿端阳，处处都端阳。

赛龙舟

佩香囊

吃粽子

香囊清香四溢，还可以驱赶蚊虫。

端午节除了赛龙舟、吃粽子外，还有点雄黄酒、挂艾草与菖蒲等习俗。

点雄黄酒

民间有“饮了雄黄酒，百病都远走”的说法，事实上，雄黄是一种有毒矿物质，外用可以消毒杀菌，但直接饮用会引发中毒。古人在端午给小朋友点雄黄酒以求平安。

挂艾草与菖蒲

端午节前后，天气潮湿闷热，蚊虫增多，艾叶和菖蒲有驱蚊虫的作用。

文物链接

《九歌图》长画卷

湖北省博物馆收藏的《九歌图》长画卷，是后人根据屈原的诗作《九歌》中的神话故事绘制而成，以白描的手法绘有东皇太一、云中君、湘君、湘夫人、少司命等人物，整幅画人物传神，笔法精练。

文物知识拓展

成语故事
锣鼓喧天：原指敲锣击鼓指挥作战。屈原的《九歌·国殇》记载“援玉枹兮击鸣鼓”，指主帅举起鼓槌猛击战鼓。端午节龙舟竞渡时，队员们在鼓手的指挥下齐心协力，你追我赶，锣鼓声、呐喊声交织，热闹非凡。
好激烈的龙舟赛，谁会是第一名呢？

互动问答

大家是不是对端午节有了一些了解呢？现在来和我一起看看后面的题目吧。

1. 中国三大传统节日是？（ ）

A. 春节、元宵、中秋　B. 元宵、清明、重阳
C. 春节、元宵、端午　D. 春节、端午、中秋

2. 屈原是战国时期的哪国人？（ ）

A. 秦国　　B. 楚国　　C. 齐国

3. 以下哪些不是端午传统习俗？（ ）

A. 赛龙舟　B. 佩香囊　C. 吃冷食　D. 登高

4. 讲述一下屈原与端午节的故事。

答案

图书在版编目(CIP)数据

博物馆里的节日.端午节/钱红主编.—武汉:武汉大学出版社,2023.5
湖北省博物馆少儿绘本丛书
ISBN 978-7-307-23746-9

Ⅰ.博… Ⅱ.钱… Ⅲ.端午节—风俗习惯—中国—少儿读物 Ⅳ.K892.1-49

中国国家版本馆 CIP 数据核字(2023)第 078601 号

责任编辑:李 玚　　责任校对:李孟潇　　装帧设计:何家辉 刘 妍

出版发行:**武汉大学出版社** (430072 武昌 珞珈山)
(电子邮箱:whu_publish@163.com)
印刷:武汉市金港彩印有限公司
开本:880×1230 1/16 印张:25 字数:157 千字
版次:2023 年 5 月第 1 版 2023 年 5 月第 1 次印刷
ISBN 978-7-307-23746-9 定价:298.00 元(全 15 册)
